BEI GRIN MACHT SICH IHR
WISSEN BEZAHLT

- Wir veröffentlichen Ihre Hausarbeit,
  Bachelor- und Masterarbeit

- Ihr eigenes eBook und Buch -
  weltweit in allen wichtigen Shops

- Verdienen Sie an jedem Verkauf

Jetzt bei www.GRIN.com hochladen
und kostenlos publizieren

Bibliografische Information der Deutschen Nationalbibliothek:

Die Deutsche Bibliothek verzeichnet diese Publikation in der Deutschen National-
bibliografie; detaillierte bibliografische Daten sind im Internet über http://dnb.d-
nb.de/ abrufbar.

Dieses Werk sowie alle darin enthaltenen einzelnen Beiträge und Abbildungen
sind urheberrechtlich geschützt. Jede Verwertung, die nicht ausdrücklich vom
Urheberrechtsschutz zugelassen ist, bedarf der vorherigen Zustimmung des Verla-
ges. Das gilt insbesondere für Vervielfältigungen, Bearbeitungen, Übersetzungen,
Mikroverfilmungen, Auswertungen durch Datenbanken und für die Einspeicherung
und Verarbeitung in elektronische Systeme. Alle Rechte, auch die des auszugsweisen
Nachdrucks, der fotomechanischen Wiedergabe (einschließlich Mikrokopie) sowie
der Auswertung durch Datenbanken oder ähnliche Einrichtungen, vorbehalten.

Impressum:

Copyright © 2007 GRIN Verlag, Open Publishing GmbH
Druck und Bindung: Books on Demand GmbH, Norderstedt Germany
ISBN: 9783640644292

Maximilian Frisch

Günter Grass: "Unkenrufe" - Die Erzählung (1992) und die filmische Umsetzung (2005)

Facharbeit im Leistungskurs Deutsch

GRIN Verlag

GRIN - Your knowledge has value

Der GRIN Verlag publiziert seit 1998 wissenschaftliche Arbeiten von Studenten, Hochschullehrern und anderen Akademikern als eBook und gedrucktes Buch. Die Verlagswebsite www.grin.com ist die ideale Plattform zur Veröffentlichung von Hausarbeiten, Abschlussarbeiten, wissenschaftlichen Aufsätzen, Dissertationen und Fachbüchern.

Besuchen Sie uns im Internet:

http://www.grin.com/

http://www.facebook.com/grincom

http://www.twitter.com/grin_com

Günter Grass: Unkenrufe – Die Erzählung (1992) und die filmische Umsetzung 2005

Facharbeit im Leistungskurs Deutsch
von Maximilian Frisch

Inhaltsverzeichnis

1. Die Facharbeit als Chance

Die Facharbeit ist wohl abgesehen vom Abitur die größte Leistung, die ein Schüler erbringen soll. Diese „vorwissenschaftliche" Abhandlung, wie diese Arbeit auch genannt wird, war für mich immer mit einer träumerischen Vorstellung verbunden: Ich würde die Facharbeit sicherlich im Fach Geschichte schreiben und höchstwahrscheinlich über ein Thema mit Bezug zum Nationalsozialismus. Dieser Wunschtraum, der die problematischen Fragen der Facharbeit mangels besseren Wissens freilich völlig außer Acht lies, hielt sich von der zehnten bis zur 12. Klasse, in der ich dann erfuhr was „Facharbeit" wirklich heißt, nämlich: dass man nicht einfach über etwas Beliebiges schreiben kann und schon gar nicht einfach so drauf los. Das man Themengebiete frühzeitig eingrenzen und auf ihre Machbarkeit überprüfen muss. Und schließlich das Ganze nicht zuletzt mit einer gewissen Anstrengung verbunden ist. Die Facharbeit schreibt sich eben nicht im Traum. Nach anfänglicher Frustration ob dieser Erkenntnis (schließlich war meine utopische Beinahe-Doktorarbeit in Geschichte in weite Ferne gerückt), kam alles ganz anders: Ich entschied mich für eines der vorgegebenen Themen im Fach Deutsch. Das Thema hatte mich angesprochen und ich konnte mich von der Problematik erlösen, in Geschichte ein Themengebiet auszuwählen, wo ich mir doch beinahe alle vorstellen konnte. Darüber hinaus bot sich die Möglichkeit, sich einmal mit dem Medium Film auseinanderzusetzen. Doch schon bald wich auch diese vorübergehende Euphorie der Ernüchterung: Einen Film versteht man noch lange nicht, wenn man ihn einmal ansieht. Und die Analyse eines Films nimmt, wie ich es der Sekundärliteratur entnehmen konnte, „mehrere Wochen" in Anspruch. Bald erkannte ich, dass ich vielleicht einmal beginnen sollte, meine Themenstellung genau zu erfassen. Und genau dort setzt meiner Ansicht nach der eigentliche Sinn und Zweck der Facharbeit an: genau zu wissen, was man will und soll. Und, dass vor allem, genau zu wissen, was eigentlich machbar ist. Denn bevor man das Ziel nicht kennt, kann man den Weg dorthin lange suchen.

Im Folgenden werde ich mich also mit dem Vergleich ausgewählter und relevanter Gesichtspunkte hinsichtlich der Erzählung und des Films beschäftigen.

2. Inhalt und Aufbau

2.1. Inhalt und Aufbau der Erzählung von Günter Grass

Günter Grass' Erzählung „Unkenrufe" behandelt die Liebesgeschichte zwischen dem deutschen Witwer Alexander Reschke und der verwitweten Polin Alexandra Piatkowska, die ungewöhnliche Früchte trägt: Das Paar begründet zur Zeit des fallenden Eisernen Vorhangs eine „Polnisch-Deutsch-Litauische Friedhofsgesellschaft" (s. S. 35, Grass), deren Aufgabe es ist, verstorbene Vertriebene in Heimaterde zu bestatten. In sieben Kapiteln schildert der Autor, wie die Liebe zwischen den beiden Hauptpersonen stetig wächst und ihr Versöhnungswerk sich nach einer kurzen Erfolgsphase in eine ungewollte Richtung verändert. Wirtschaftliche Interessen treten in den Vordergrund und das Paar nimmt Abstand von seiner entfremdeten Idee.

Zu Beginn treffen die beiden Protagonisten Alexander Reschke, ein Bochumer Professor für Grabinschriften, und Alexandra Piatkowska, eine polnische Restauratorin, an Allerseelen 1989 in Danzig aufeinander (vgl. S. 7f und S.14, ebd.) Die Polin hilft dem Deutschen auf, als dieser vor der Dominiksmarkthalle stürzt. Trotz des anfänglichen Widerwillens dem unge-schickten Deutschen gegenüber zeigt Alexandra ihm die Hundegasse, in der das Geburtshaus Reschkes steht. Beide kommen miteinander ins Gespräch und schließlich lädt Frau Piat-kowska Herrn Reschke zu sich nach Hause ein. Nach einem gemeinsamen Abendessen ent-steht die „Schnapsidee" der Friedhofsgesellschaft, die den vertriebenen Deutschen, Polen und Litauern eine letzte Ruhestätte in Heimaterde garantieren soll (vgl. S. 34ff, ebd.). Im zweiten Kapitel wird aus der anfänglichen Weinlaune Ernst: Gemeinsam suchen Witwe und Witwer nach einem geeignetem Terrain in Danzig und diskutieren über die zu gründende Gesell-schaft. Bevor Reschke nach einer gemeinsamen Nacht wieder nach Deutschland abreist, of-fenbaren sich beide ihre Liebe zueinander. Die Beziehung des Witwers und der Witwe be-stimmt auch das dritte Kapitel: Durch Briefwechsel und Telefonate schildern sich die Verlieb-ten nicht nur ihre Empfindungen füreinander sondern auch die Fortschritte in ihren Bemühun-gen um die Gesellschaft (vgl. S. 70ff, Grass). Nachdem Geschäftskontakte auf Deutscher und Polnischer Seite angebahnt sind, kommt es zur Gründung der Gesellschaft im Danziger Hotel Hevelius durch Geschäftsleute beider Nationen, das Liebespaar fungiert als Geschäftsführer. In Kapitel vier schließlich können die ersten Bestattungen stattfinden (vgl. S. 112ff, ebd.). Doch das Gleichgewicht der deutschen und polnischen Interessen innerhalb der Gesellschaft ist zerbrechlich und wird bereits durch auseinander gehende Vorstellungen über die Zukunft der Friedhofsgesellschaft auf die Probe gestellt. Die Umzäunung des Friedhofsgeländes löst Streitigkeiten aus. Den Eklat, der Kapitel fünf bestimmt, löst schließlich der Vorschlag eines deutschen Mitglieds im Aufsichtsrat aus: Bereits Verstorbene sollen umgebettet werden (vgl. S. 160ff, ebd.). Langsam aber sicher entfernen sich Witwe und Witwer von ihrer Idee, die immer mehr entfremdet wird. Der Aufsichtsrat verfolgt zunehmend wirtschaftliche Interessen und nimmt keine Rücksicht auf den zündenden Versöhnungsgedanken, den Alexandra Piatkowska und Alexander Reschke hatten. Bald sollen Golfanlagen und Altenheime den Senioren schon vor der Bestattung den Danziger Versöhnungsfriedhof schmackhaft machen. Dem wollen die Gründer nicht mehr zusehen und treten in Kapitel sechs von ihrem Amt als Geschäftsführer zurück, und sie bekleiden lediglich noch einen Ehrenvorsitz als Gründer der Gesellschaft. Nicht mehr über Entscheidungsgewalt verfügend, kümmern sie sich vermehrt um ihre Beziehung, anstatt dem kapitalistischen Treiben länger zuzusehen. Die Liebe rückt in den Mittelpunkt und finalisiert schließlich in der gemeinsamen Hochzeitsreise nach Neapel in Kapitel sieben. Dort sterben die Protagonisten bei einem Autounfall (vgl. S.245, Grass.).

Die Handlung wird in ihrem linearen Verlauf oft durchbrochen. Der Erzähler schildert in Rückblenden die Vergangenheit der Hauptfigur Reschke und kommentiert voraus schauend das Handeln der Protagonisten. Die eigentliche Handlung wird dadurch aber nicht beeinflusst.

2.2. Unterschiede in Inhalt und Aufbau des Spielfilms „Unkenrufe – Zeit der Versöhnung"

Betrachtet man den Plot von „Unkenrufe", so ergeben sich in der filmischen Umsetzung keine nennenswerten Unterschiede zu der Erzählung. Jedoch gibt es einige Besonderheiten in Aufbau und Gewichtung des Inhalts. Der Inhalt der Buchvorlage, welcher mehrere Stunden Lesezeit erfordert, findet sich hier notwendigerweise verdichtet auf ca. 90 Minuten. So ist auch die Kapiteleinteilung eine andere: Die DVD weißt 14 Kapitel, genauer: „Sequenzen" (Faulstich, S. 73f und Hickethier, S. 38f) auf. In der folgenden Untersuchung des Aufbaus beziehe ich mich auf das Sequenzenprotokoll, das im Anhang beiliegt. Während Günter Grass' Werk damit beginnt, dass „(...)der Witwer anstößt [anstieß], stolpert [stolperte], doch nicht zu Fall kommt [kam]" (S. 7, Grass, Änderungen durch den Verfasser) weil die Witwe bereits zur Stelle ist, setzt Robert Glińskis Spielfilm früher an: Der Zuschauer erhält bereits erste Eindrücke zu den Figuren bevor die Haupthandlung beginnt, zum Beispiel als Alexander Reschke auf dem Weg nach Danzig einen Autounfall erlebt. In zwei weiteren Parallelsequenzen treten Alexandra Piatkowska sowie Erna Brakup bereits auf und werden dabei in ihrem für den Film wichtigen Umfeld und Verhalten gezeigt (siehe Sequenzprotokoll, Sequenz 1, Anhang 1). Erfährt der Leser nähere Informationen zu Aussehen, Beruf und Verhalten erst durch spätere Kommentare und Einfügungen des Erzählers, hat der Zuschauer schon die „energische Restauratorin", die „alte Danzigerin" und den „älteren, etwas verwirrten Professor" kennen gelernt. (So etwa könnte ein Zuschauer die Figuren nach den Eindrücken aus Sequenz eins beschreiben.) Während das Buch die Charakterisierung der Personen nachholen kann, muss der

Film dem Zuschauer freilich zu Beginn die handelnden Figuren zeigen – ein Rückwärtserzählen ist zumindest in diesem Bezug noch nicht möglich (vgl. S. 136, Hickethier). Der nur im Film enthaltene Autounfall zu Beginn bildet zusammen mit dem Unfall in Italien am Ende der Story (vgl. Sequenz 14, 1:28:30 – 1:28:50, Film), eine Art Rahmen – mit dem Unterschied das der zweite Unfall den Tod der Protagonisten zur Folge hat. Er schließt also in gewisser Weise ab, was in der ersten Sequenz nicht beendet wurde.

Die bereits angesprochene Figur der Erna Brakup stellt ebenfalls eine weitere Änderung gegenüber der Erzählung dar. Während sie dort erst in Kapitel vier auftritt, nimmt sie im Film eine wesentlich wichtigere Position wahr: Brakup ist es, die den Unfall Reschkes indirekt auslöst, indem sie eine Unke vom Grab ihres Mannes verscheucht und diese auf die Straße hüpft, wo Reschke beim Versuch, ihr auszuweichen, verunglückt (vgl. Sequenz 1, 0:02:25 – 0:03:10, ebd.). Der Erzähler im Buch berichtet von einer Bäuerin, die bei der Begegnung der Protagonisten passiv im Hintergrund bleibt. Im Spielfilm ist es eindeutig Erna Brakup, die anstelle des literarischen Vorbilds Alexandra Piatkowska Pilze verkauft. Als diese aus dem Einkaufsnetz fallen, rutscht Reschke aus – die Begegnung wird so erst möglich. Und Erna Brakup dient auch weiterhin als eine Art Motor der Handlung in den ersten Sequenzen, wenn sie Reschke auffordert ihr [Alexandra Piatkowska, Anm. des V.] hinterher zu rennen (vgl. Sequenz 2, 0:09:40 – 0:10:15, ebd.). Der allwissende und allmächtige Erzähler als „Puppenspieler", der er ja in der Erzählung ist, fehlt. Aufgrund dessen benötigt der Film stellenweise eine andere Instanz, die die Handlung antreibt. Und Erna Brakup ähnelt dabei in mancherlei Hinsicht dem Erzähler doch recht stark: Sie kommentiert die Handlung und blickt auch voraus, was an ihren Aussprüchen sichtbar wird. So äußert sie sich auch in Sequenz sechs zum Mauerfall.

Neben diesen kleineren Differenzen fällt natürlich das Fehlen des kommentierenden Erzählers auf, der im Buch ja die Handlung erst anordnet. Robert Glinskis Werk verzichtet auf eine erzählende Figur oder einen Erzähler aus dem Off in diesem Sinne (vgl. S. 130, Hickethier). Stattdessen sind es hier oft die Figuren selbst, die implizit erzählen. So findet man die Rückblenden in die gemeinsame Jugendzeit des Erzählers mit dem Protagonisten Reschke durchaus wieder: Reschke selbst schwelgt in Erinnerungen, wenn er durch seine Heimatstadt Danzig streift, oder sich an einen Abend im elterlichen Haus in der Hundegasse erinnert (vgl. Sequenz 3, 0:18:30 – 0:19:15, Film). Weiterhin erfährt der Zuschauer auch etwas über die Vergangenheit der Alexandra Piatkowska, die sich ebenfalls an ihre Jugend erinnert. Während im literarischen Werk der Erzähler eine gemeinsame Jugend mit Reschke hatte, wird im Film angedeutet, dass Alexander als Hitlerjunge wohlmöglich eine erste Begegnung mit Alexandra hatte (vgl. Sequenz zehn, 1:02:00 – 1:02:10, Film). Hier ist erkennbar, dass der Spielfilm auf die Figuren an sich setzt. Sie handeln, sie erhalten eine Vergangenheit. In der Literatur ist es der Erzähler, der die Handlung zumindest anordnet, sie aber durch seine subjektiven Kommentare auch beeinflusst. Durch die Erinnerungen des Erzählers erfährt der Leser etwas über den ansonsten unbekannten Erzähler, und über Reschke.

3. Charakteristik der Figuren

3.1. Charakteristik der Protagonisten in Günter Grass' Erzählung

Im Folgenden möchte ich die Hauptcharaktere sowie einige ausgewählte Charaktere herausgreifen, um sie hinsichtlich ihrer Gestaltung in Buch und Film zu vergleichen. Zunächst möchte ich mich Alexander Reschke zuwenden.

3.1.1. Charakteristik des Alexander Reschke

Sein äußerliches Erscheinungsbild, dass dem Leser einerseits durch neutralen Erzählbericht als auch durch den subjektiven und kommentierenden Erzähler mitgeteilt wird, zeigt einen normalgroßen Herren, der aufgrund seiner Jugend zur Zeit des 2. Weltkriegs und der Zeit der Erzählung, 1989, ungefähr 60 Jahre alt sein dürfte. Diese Annahme bestätigt auch Günter Grass in einem Interview zu seinem Werk (vgl. Günter Grass im Gespräch mit Harro Zimmermann, siehe Literaturverzeichnis). Er trägt am Tag der Begegnung mit Alexandra Piatkowska eine Cordhose, Tweedjackett (vgl. S. 15: „… rede ich … von seinem Tweedjackett … verpasse ihm eine Baskenmütze …", Grass) sowie eine Baskenmütze.

Durch eine „japanische Kamera" sieht Reschke aus wie ein „(…)Bildungsreisender, [ein] Tourist besserer Klasse" (siehe S. 11, Grass). Der Erzähler verrät auch etwas über den biografischen Hintergrund. So kommt Alexander Reschke, wie auch der Erzähler, aus Danzig. Er ist Kunsthistoriker und hat eine Professur an der Universität Bochum, was seine Leidenschaft für Grabinschriften erklärt. Diese führt ihn in seine Heimatstadt Danzig, wo er das Grab eines Danziger Bürgermeisters aufsuchen will. Aber auch das Verhalten des Professors soll uns als Vergleichspunkt dienen. So äußert sich der kommentierende Erzähler mehrfach über die „Tapsigkeit" und das Schlurfen (vgl. S. 13: „Er, zum Stolpern neigend, leicht schleppend…", Grass) von Alexander Reschke. Bestätigt wird der Eindruck von einem etwas tatterigen Herrn auch zu Beginn der Erzählung; Reschke stolpert über die Bordsteinkante. Bedingt durch seine Tätigkeit als Historiker ist Reschke das Analysieren gewohnt. Er wendet die eingehende Betrachtung auf seine Umgebung und Mitmenschen an (siehe auch Seite 15: „Als Kunsthistoriker und obendrein Professor konnte er nicht anders: Wie er Bodengrabplatten und Grabsteine (…) beredt gemacht hatte, waren ihm nun die Einkaufsnetze der Witwe (…)Zeugnisse vergangener Kultur (…)", Grass). So schweift Reschke beispielsweise vom mittelalterlichen Wehrturm ab zum angeschlossenen Kloster und schwelgt in Erinnerungen und Vermutungen. Dabei sind ihm die Sinneseindrücke so wichtig, dass er sie in einer „Kladde" sammelt, aus der der Erzähler seine Informationen bezieht. Als Hauptperson und einzige Bezugsquelle für den Erzähler kommt Alexander Reschke eine besondere Bedeutung zu. Mit ihm beginnt die Geschichte und er entwirft mit Alexandra die Friedhofsidee (vgl. S. 35, ebd.), Jedoch ist er kein klassischer Held, da er die Handlung nicht durchgehend bestimmt. Zwar hat er die Erzählung durchlebt, doch wird sie vom Erzähler zusammengestellt und geordnet. Das aktive Handeln Reschkes ist dadurch nicht mehr erkennbar. Die Sicht der Dinge ist so subjektiv, dass der Leser nur schwerlich zwischen den Informationen aus Reschkes Kladde und denen des Erzählers unterscheiden kann.

3.1.2. Charakteristik der Alexandra Piatkowska

Alexandra Piatkowska wird dem Leser als starke, große Frau vorgestellt. Markenzeichen sind ein Kopftuch der Farbe Umbra (vgl. S. 7, „…Kein eigentliches Umbra, mehr Erdbraun als Torfschwarz", Grass), eine Umhängetasche aus Kalbsleder sowie ihre „tizianroten" Haare. Ersteres Kennzeichen erfährt der Leser direkt von Alexander Reschke, die weiteren Informationen hat wiederum der Erzähler disponiert. Das ruppige Auftreten der Piatkowska wird hauptsächlich von ihrem polnischen Akzent unterstützt. Durch den fehlerhaften Satzbau, durch Inversionen dargestellt, erhält ihre Absage an das Angebot des Witwers, ihr einen Strauß Astern zu bezahlen, mehr Härte: „Nichts dürfen Sie!" entgegnet sie der höflichen Anfrage Reschkes (vgl. S. 10, Film). Die studierte Restauratorin sagt was sie denkt und steht deswegen beim Erzähler zeitweise an höherer Stelle als Reschke, der ihm zu zögerlich ist. Auch sprachlich ist sie dem Erzähler nahe: Die Umgangssprache kommt auch bei ihr zum Einsatz und schafft gleichzeitig einen weiteren Unterschied zu Reschke. Alexandra Piatkowska erreicht im Gegensatz zu Reschke trotz ihrer Durchsetzungskraft nicht alle Ziele: Die Integration ihrer Heimat Litauen in das Versöhnungswerk scheitert. Überhaupt nimmt sie oft eine Kontrastfunktion gegenüber Reschke ein: Während dieser die Wiedervereinigung und den Freudentaumel nach der Wende kritisch beobachtet, ja sie ihm „fürchterlich zu werden beginnt" (S. 75, Grass), freut sich Alexandra darüber. Denn als Polin mit litauischen Wurzeln kann sie von einer Versöhnung ihrer beiden Nationen nur träumen. Auch kann man der Piatkowska durchaus einige „Unkenrufe" zuschreiben: Sie spricht bereits kurz nach der Gründung der Gesellschaft davon, aufzuhören, wenn es am schönsten ist (vgl. S. 120, Grass). Im Gegensatz zu Alexander bringt Sie aber den Unken selbst nicht viel entgegen. Sie scheint ihre Rufe, die von Reschke aufgezeichnet werden, aber richtig zu interpretieren.

3.2. Unterschiede der Charaktere im Film „Unkenrufe – Zeit der Versöhnung"

3.2.1. Charakteristik des Alexander Reschke

Im Film lernt der Zuschauer Alexander Reschke kennen, als dieser gerade einen Autounfall hinter sich hat. Geschockt aber ruhig steigt er aus dem Wagen und erkundigt sich bei einem in Straßengraben liegenden Mann nach dessen Wohlergehen (vgl. Sequenz 1, 0:04:00 – 0:04:40, Film). Die Äußerlichen Merkmale sind denen in Grass' Erzählung weitgehend entsprechend: Die hagere Gestalt, ein leicht nach vorne gebeugter Gang. Auch ein blauer Pullunder, Kordhose, die Brille und später die japanische Kameratasche lassen den literarischen Reschke durchscheinen (vgl. Sequenz 2, 0:06:38 – 00:07:00, Film). Auch die biographischen Informationen gleichen denen in der Literatur. Allerdings charakterisiert sich Reschke aufgrund des fehlenden Erzählers weitgehend selbst. Er teilt seinen Lebens- und Berufsstand Frau Piatkowska auf dem Friedhof mit. Sein Verhalten stellt er durch Handeln sowie Mimik und Gestik dar. Die subjektiven Kommentare und Einschätzungen des Erzählers fehlen, wodurch der Zuschauer im Grunde genommen einen weniger fremdbestimmten Eindruck gewinnen kann als der Leser. Der analysierende, grübelnde Reschke ist aus der Außensicht heraus erkennbar. Als er beispielsweise Danzigs Altstadt betritt und mit gerecktem Kopf die Stadt betrachtet. Oder wenn er in Sequenz 13 endlich das Grab des Bürgermeisters findet, weswegen dem er ursprünglich nach Danzig kam (vgl. Sequenz 12, 1:17:00 – 0: 17:50, ebd.). So ist auch im Film die Typisierung Reschkes als Professor, der das analytische und reflektierende Denken gewohnt ist, berechtigt. Ein weiteres Unterscheidungsmerkmal liefert die Vergangenheit Reschkes. Im Buch wird auch diese ausschließlich durch den Erzähler mitgeteilt. Im Gegensatz zur literarischen Vorlage erinnert sich hier aber die Figur Reschke selbst an die Vergangenheit. In Rückblenden, die Reschkes Erinnerung an bestimmten Orten, wie zum Beispiel der Dominiksmarkthalle, darstellen, erfährt der Zuschauer von dessen Jugend in Danzig zur Zeit des Nationalsozialismus (vgl. Sequenz 2, 0:09:30 – 0:09:44, Film). Anstatt der Beziehung zum Erzähler wird aber eine Bekanntschaft mit Alexandra Piatkowska angedeutet, die wie Reschke in einer Jugendorganisation der Nationalsozialisten war.

3.2.2. Charakteristik der Alexandra Piatkowska

Alexandra Piatkowska wiederum tritt zuerst als energische Restauratorin auf, erhält also von Beginn an eine Kontrastrolle zu Reschke, der ja in seiner Freizeit Danzig besucht. Die Selbst-charakterisierung weicht hier von der Schilderung des Grassschen Erzählers ab, die allerdings auch mehr Spielraum lässt, als die von Reschke: Alexandra trägt ein Kopftuch mit einem schwarz-roten Muster, auch das „tizianrote" Haar ist erkennbar. Die ausdrucksstarken, blauen Augen tragen auch im Film zu der abwehrenden Haltung bei, die sie Reschke gegenüber zu-nächst einnimmt: Als dieser ihr die Pilze bezahlen möchte, bedeckt sie den Deutschen als Po-lin mit einigen Vorurteilen, die sie mit ihm als „Elefant im Porzellanladen" erfüllt sieht. Auf dessen Frage nach der „Hundegasse" erklärt sie ihm: „Gdansk ist nicht mehr Deutsch. Seit 45 Jahren nicht mehr." (vgl. Sequenz 2, 0:10:00 - 0:11:00, Film) Als Reschke sich entschuldigt nimmt sie die Position der gebürtigen Litauerin ein und bezeichnet die Polen als „barbarisches Volk". Die Rolle Alexandras wird deutlich: Sie kontrastiert Reschke in gleich mehren Punk-ten. Zu Beginn sieht man Reschke als Tourist in Danzig, während sie arbeitet. Er erfüllt ihre Vorurteile gegenüber den Deutschen. Er ruhig und höflich, zurückhaltend, sie als energisch-direkte Frau, die sagt was sie denkt.

4. Die narrative Gestaltung der Erzählung

In der Erzählung herrscht die auktoriale Erzählsituation (vgl. teachsam.de) vor. Der Schul-freund von Alexander Reschke bezieht seine Informationen hauptsächlich aus der „Kladde", die ihm dieser zugesandt hat (vgl. Seite 13: „Ab wann hatte er vor, mir seinen verschnürten Krempel ins Haus zu schicken?", Grass). Somit ist er auch zu Beginn der Erzählung bereits über deren weiteren Verlauf informiert. Aber auch die Erinnerungen an die gemeinsame Zeit fließen mit in den erzählten Text ein, auch wenn sie die Handlung freilich nicht direkt beein-flussen (vgl. Seite 13 „Nur weil er und ich vor einem halben Jahrhundert Arsch neben Arsch die Schulbank gedrückt haben sollen?", Grass). Wohl ist der auktoriale Erzähler dadurch aber den subjektiven Einschätzungen Reschkes unterworfen, die er wiederum kommentierend und wertend in seine allwissende, starke Erzählerposition einfliesen lässt. Die Erzählperspektive weicht von der Außensicht mit großer Distanz zu den Figuren nur selten ab. Immer wieder distanziert sich der Erzähler von seinen Romanfiguren, wünscht sich ein anderes Handeln o-der kommentiert. Die Innensicht erfährt auch der Erzähler nur aus den Informationen, die ihm

Reschke überlassen hat. Zeitweise nimmt der Erzähler seine Einmischungen zurück, sodass der Leser in direkter Rede Reschkes Sicht der Dinge erfährt. So etwa bei der Beschreibung des Kopftuchs von Alexandra auf Seite sieben. Gefühle der Personen werden aber lediglich einmal offenbart, als der Briefwechsel des Paares stattfindet. Hier zitiert der Erzähler die Empfindungen der Protagonisten füreinander – der Leser liest es als direkte Rede (vgl. S.67, Grass). Meist herrscht aber der Erzählbericht vor. Der Erzähler zitiert quasi aus den Informationsversatzstücken von Reschke. Hierin ist auch die lineare Zeitstruktur der Handlung begründet: Die Reihenfolge wird vom Erzähler in eine lineare Abfolge gebracht. Dies teilt er im ersten Kapitel mit, indem er erst das Aufeinandertreffen der Protagonisten geschehen lässt und sich nicht an die Chronologie der „Kladde" hält (siehe S. 15, „Und schon bin ich drin in seiner, in ihrer Geschichte. Schon rede ich, als wäre ich dabei gewesen.", ebd. und „(…)doch die frühe, schon beim Kauf der Steinpilze platzierte Einführung des Erbstücks [Anm. des V.: des Einkaufsnetzes] ist meine Zutat, genauso wie die vorweggenommene Baskenmütze", ebd.). Dennoch findet der Erzähleinsatz erst nach dem eigentlichen Beginn statt, als die Protagonisten aufeinander treffen. Der lineare Verlauf wird hier wie auch später von kommentierenden Einmischungen des Erzählers durchbrochen.

Die Erzählzeit beträgt mehrere Stunden. Dennoch ist sie um vieles kleiner als die erzählte Zeit, die ungefähr eineinhalb Jahre umfasst. Die Erzählung beginnt „auf Allerseelen" (S. 7, Grass) und endet nach der Hochzeit im Frühjahr (vgl. S. 237, ebd.). Da aber die ersten Beerdigungen auf dem Versöhnungsfriedhof bereits im Juni stattfinden, muss also diese Zeit vergangen sein.

5. Die narrativen Elemente im Film

Die Erzählzeit des Films ist mit ca. 90 Minuten natürlich um einiges kleiner als die tatsächlich erzählte Zeit. Aber auch gegenüber der Erzählzeit von einigen Stunden, die das Buch erfordert ist der Spielfilm kürzer. Auch kann und will man natürlich nicht all das darstellen, was abseits der wichtigen Handlung geschieht. Die sich so ergebende Zeitraffung wird beispielsweise deutlich, als Alexander Reschke in Sequenz eins noch sein Auto in die Werkstatt begleitet, und bald darauf, in Sequenz zwei Danzigs Altstadt durch das Krantor betritt (vgl. Sequenz 7,0:06:33, Film). Auch in Sequenz fünf, als Alexander und Alexandra per Brief miteinander Kontakt halten, werden die drei Monate, die vergehen müssten, nicht dargestellt. Stattdessen erfährt der Leser durch zwei beispielhafte Szenen, was geschieht (vgl. Sequenz 8, 0:38:00 – 0:38:20, Film). Des Weiteren stellen Rückblenden (vgl. S. 135f, Hickethier), ähnlich den Erinnerungen des Erzählers in der Erzählung, die Jugendzeit der Figuren im Nationalsozialismus dar. Hier „erleben" aber die beiden Protagonisten selbst die Vergangenheit. Beispielhaft hierfür ist eine Rückblende in Sequenz drei, als Alexander Reschke sich an ein Fußballspiel mit anderen Hitlerjungen erinnert. Die Rückblende selbst folgt einer fortschreitenden Chronologie, in der Reschkes alter ego noch einmal die Jugendzeit erlebt. Eine weitere Besonderheit im Film ist die Darstellung von gleichzeitigen, parallelen Handlungen. Dies geschieht, wie bereits unter 3. angesprochen, in der ersten Sequenz. Durch Parallelmontage (vgl. S.3, Film) werden hier drei Handlungsstränge hintereinander montiert und erzeugen so den Eindruck der Gleichzeitigkeit. Die Parallelität freilich, ist ebenfalls mehr Schein: Die Stränge laufen auf einen gemeinsamen Schnittpunkt zu, in diesem Fall das Aufeinandertreffen der Figuren vor der Dominiksmarkthalle. Mehr noch als in der Erzählung wird im Film die fiktive Gegenwart um 1989 deutlich. Als zum Beispiel Erna Brakup in Sequenz sechs im Fernsehen die Bilder des Mauerfalls verfolgt (vgl. Sequenz 6, 0:35:50 – 0:36:15, Film), erhält die virtuelle Realität des Films noch mehr Authentizität.

6. Die Sprache Grass'

Grass benutzt in seinem Werk eine Vielzahl von Stilmitteln. Beispielhaft und stellvertretend ist hier zum einen der Tropus der Hyperbel zu nennen. Besonders fällt dabei die Entwicklung der Friedhofsgesellschaft zu einer Freizeitattraktion auf. Das Projekt „Bungagolf" (vgl. S. 193, Quelle Grass) ist eine Verzerrung ins Lächerliche, eine absolute Überspitzung, die dazu dient, die rein wirtschaftlichen Interessen der Kapitalisten die die Gesellschaft nach und nach übernehmen, darzustellen. Grass karikiert hier in seiner Erzählung etwas, dass in der Wirklichkeit vorkommt. Selbst aus ernsten Ideen werden profitorientierte und von ursprünglichen idealistischen Ideen entfremdete Projekte. Ein weiteres Merkmal der Sprache im Buch ist die Inversion des normalen Satzbaus. Dieses Stilmittel dient ausschließlich zur Darstellung des Dialekts der Alexandra Piatkowska. Beispielhaft soll hier eine Aussage Alexandras zu besagtem Golfanlagenprojekt stehen. Sie äussert sich folgender maßen: „(...) Ich sag' was ich seh': Deutsche sind hungrig immer, auch wenn sie sind satt schon. Und das macht angst[!] mir." (vgl. S. 203, Grass). Neben den Inversionen dient auch die Darstellung eines Danziger Dialekts, der lediglich von einer aussterbenden Minderheit gesprochen wird, zur Verstärkung des authentischen Eindrucks der Erzählung. Diese Minderheit wird von Erna Brakup verkörpert, die als Danzigerin quasi zwischen der deutschen und der polnischen Seite des Aufsichtsrates steht. Deshalb grenzt sie sich auch sprachlich ab, wie man unter anderem auf Seite 109 in

Quelle eins sehen kann: „Dabei häddech mid ihm reeden jewollt. Dassä mia Freide jemacht häd nu, wo jeht Jahrundät zuänd." Auch die Bildhaftigkeit lässt die fiktive Realität „echt" erscheinen. Vergleiche und viele beschreibende Adjektive führen zu einer lebendigen Darstellung der Erzählung, die ja 1989 spielt, aber 1992 geschrieben wurde. Nicht zuletzt sind es Reschkes durch den Erzähler wiedergegebene Beschreibungen der Umgebung, die beinahe fotografisch die Umwelt festhalten: „So mürbe bröckelte von den Gesimsen der Stuck. Reschke sah blasigen Putz abblättern Vom Hafen her wehende Schwefeldünste hatten alle steingehauenen Giebelfiguren entstellt.", heißt es da auf Seite 26, als Alexander und Alexandra in die Hundegasse laufen.

Des Weiteren schreibt Grass oft in umgangssprachlicher, teilweise vulgärer Sprache. Der Erzähler spricht davon, dass Reschke und er „Arsch an Arsch die Schulbank gedrückt haben" (vgl. S. 13, Grass), und auch so hat der Erzähler nichts von jener höflichen, zurückhaltenden Sprache, wie sie zum Beispiel Alexander Reschke auszeichnet.

7. Die Sprache des Films

Grass' Sprache ist in Glinskis Film nicht erkennbar. Dies mag zum einen daran liegen, dass Glinski diesen Anspruch nicht verfolgte, als er seinen Film auf der Basis des Buchs begann. Zum anderen gibt es die Meinung, dass man den Begriff der Rhetorik für ein filmisches Werk anders definieren muss und man somit ohnehin keinen direkten Vergleich erbringen kann. Nach Klaus Kanzog kann man aber „den sich in den Bildern eines Films vollziehenden kommunikativen Akt analog zum verbalen Sprechakt als ‚visuellen Sprechakt' und das Bild damit als Rede verstehen" (siehe S. 15, Kanzog). Ich werde daher im Folgenden in der bildlichen Sprache des Films nach Ähnlichkeiten oder Differenzen zu Grass' Werk forschen.

In Sequenz eins eröffnet der Film mit einem „extreme long shot", also einem Panorama auf eine kaschubische Landschaft. Die Kameraperspektive dieser Einstellung nimmt eine leichte Obersicht ein, sodass der Zuschauer alles im Blickfeld hat. Mit einem Schwenk nach rechts verfolgt die Kamera das Auto Reschkes (vgl. Sequenz eins, 0:00:33 – 0:00:41, Film) Diese große Entfernung von den Figuren bleibt im Spielfilm aber selten. Während in Grass' Werk der Erzähler aus einer „olympischen Höhe" heraus erzählt und nur in Erinnerungen seinen Figuren nahe kommt, zieht das filmische Werk die Nähe zu den Figuren vor. Dies ist nicht weiter verwunderlich, fehlt doch der Erzähler als alternativer Bezugspunkt und ist die Bedeutung der als Handlungsträger eingesetzten Personen umso größer. So lässt sich beobachten, dass im weiteren Verlauf des Films kleine Einstellungsgrößen überwiegen. So auch in Sequenz drei, als Alexander Reschke und Alexandra Piatkowska sich auf dem Friedhof kennen lernen. Während noch in Sequenz zwei vor der Dominiksmarkthalle die halbnahe Perspektive überwiegt (vgl. Beicken, S.26f), finden hier bereits Nahaufnahme und Großaufnahme ihren Einsatz (vgl. 0:12:00 – 0:13:00, Film). Die Protagonisten unterhalten sich, die spätere Idee kommt hier bereits indirekt zur Sprache. Auch bei Grass ist hier das erste wirkliche Gespräch zwischen dem Paar angesetzt. Doch ist die Distanz zu den Figuren größer, da die indirekte Rede, in der Grass seinen Protagonisten Reschke sprechen lässt, den Leser auf Abstand hält. Es ist eben nicht Reschke selbst, sondern der Erzähler, der Reschkes „Kladde" ordnet. Im Film ist hingegen die Verbundenheit mit den Protagonisten stärker. Doch in der gleichen Sequenz findet sich auch eine starke Ähnlichkeit zu Grass' Darstellung der Piatkowska. Als Tochter von Vertriebenen echauffiert sie sich auf dem Friedhof über die Planierung der alten Friedhöfe. (vgl. S. 21, Grass, „Einfach plattgemacht alles. Bald nach Krieg schon und später.") aber sie behält dennoch die Fassung. Auch im Film wird Alexandra so dargestellt. Aus leichter Untersicht im Stehen aufgenommen wirkt sie hier gegenüber dem knienden Reschke viel stärker. Auch im späteren Verlauf hält sich die Fassade der schlecht erzogenen Frau, „die nicht guten Tag (…) sagt, Zigaretten raucht an Orten, wo es verboten ist und sich aus den Leuten um sich herum nichts macht.", wie sich Krystyna Janda über ihre Rolle äussert. (siehe Making-of-Unkenrufe, 0:06:55 – 0:07:20, Film).

8. Intention

8.1. Intention des Autors der Erzählung

Bei eingehender Betrachtung des Werks und des Autors Günter Grass scheint folgende Äußerung, die Intention auf den Punkt zu bringen:

„Es liegt in der Natur der Sache, dass alles, was man anfasst, zum Geschäft missrät. Das andere ist (...), dass wir allesamt den Fehler machen, im Verhältnis zwischen Deutschen und Polen vorschnell von Versöhnung zu reden. Ob das auf Kirchentagen geschieht oder sonst irgendwo, wird Versöhnung immer schon wie etwas Vorgegebenes, als Ergebnis gefordert und gefeiert zugleich. Das halte ich für falsch. Wir stehen ganz am Anfang und müssen - und das zeigt dieses Buch - an den Ort des Geschehens zurückgehen auf die Friedhöfe. Da finden wir, was wir uns wechselseitig angetan haben." (vgl. Zimmermann)

Grass zeigt auf, dass Versöhnung nicht einfach geschieht, sondern das Ziel eines Weges sein muss. Und seiner Ansicht nach gilt es erst, den Anfang des Weges zu finden. Er vermutet ihn, wie ich anhand seiner Erzählung sagen kann, an den im Zitat genannten Friedhöfen. Dort wird ersichtlich, was sich die Völker gegenseitig angetan haben. Aber auch das Liebespaar zeigt, dass Versöhnung nicht einfach von Regierungen oder Organisationen vorgeschrieben werden kann. Sie muss in kleinen Schritten passieren. Der denkbar kleinste Schritt ist die Versöhnung zwischen zwei Personen – Alexander und Alexandra aus der Erzählung.

Im „Making-of" zum Film Unkenrufe äußert sich Grass ebenfalls:

„Und da es die Aufgabe des Schriftstellers, unter anderem, ist, Unkenrufe von sich zu geben, auch Kassandrahaft, Dinge, Gefahren, mögliche Gefahren zu benennen, möglichst auch, was die Literatur gerne macht, zu übertreiben, (...) weil in der Realität selbst die schlimmsten Voraussagen von der Wirklichkeit noch übertroffen werden." (siehe Film, Making-of)

Auch hieraus wird klar, dass Grass es als seine Aufgabe begreift, immer wieder das Zeitgeschehen und die Vergangenheit kritisch zu betrachten. In den „Unkenrufen" geschieht dies auf eine subtile Art und Weise, anhand eines kleinen Beispiels. Doch es steht stellvertretend für die ganz großen Probleme.

8.2. Intention des Regisseurs

"Der Film übernimmt von Günter Grass Erzählung die Hauptfiguren, das Thema, die wichtigste Handlung und die Zeitebene. Aber der Film (...) wird ihn [den Plot, Anmerkung des Verfassers] mit filmischen Mitteln erzählen." (Robert Glinskí im „Making-of-Unkenrufe")

Indem Robert Glinskí dem Buch nahe zu kommen versucht ohne auf wesentliche Bestandteile zu verzichten, wird sicht-bar das er durchaus eine filmische Umsetzung der Erzählung anstrebte. In den filmischen Möglichkeiten liegen deshalb auch die größten Unterschiede. Der Spielfilm ist figurenbezogener als die Erzählung und legt mehr Wert auf die Konflikte zwischen den Personen. Die Beziehung der Protagonisten ist stärker herausgearbeitet als in der Erzählung, auch Erna Brakup hat einen höheren Stellenwert. Dies ist auch darauf zurückzuführen, dass die Vorurteile und Klischees, die Polen und Deutsche einander gegenüber haben, von Glinski mehr in den Vordergrund gehoben werden. Da ist die kuriose Autowerkstatt zu Beginn, der erste Dialog mit Alexandra, indem sie Reschke als typisch deutsch und er sie als typisch polnisch bezeichnet. Zudem trägt der Spielfilm den Untertitel „Zeit der Versöhnung" – er karikiert also nicht nur wie Grass' Werk, sondern trägt durchaus den Anspruch, zu versöhnen in sich. Dies ist auch in der Produktionsgeschichte des Films sichtbar: Eine multinationale Crew um den polnischen Regisseur, deutsche und polnische Schauspieler und französische wie englische Mitarbeiter – die Tatsache das der Film entstanden ist zeugt davon, dass die Versöhnung auch im Projekt Film verwirklicht wurde.

9. Rezeption

Die Erzählung „Unkenrufe" erschien 1992 beim Steidl Verlag in Göttingen. Das hier verwendete Exemplar aus der 4. Auflage im deutschen taschenbuch verlag zeugt davon, dass das Werk in den letzten 14 Jahren von vielen Menschen gelesen wurde.

Das filmische Werk Unkenrufe, basierend auf Grass' Erzählung, wurde von Kritikern wie auch dem Autor selbst gut aufgenommen. Günter Grass selbst äußert sich im „Making-of-Unkenrufe" wie folgt: „Es gelingt dem Film, ein ernstes Thema heiter zu behandeln, ohne Schwere. Das gefällt mir, und das entspricht der Erzählung" (vgl. „Making-of-Unkenrufe", Film). Auf einer bekannten deutschen Kritikerplattform, www.filmstarts.de, schreibt Nicole Kühn:

*„Mit seiner präzisen Beobachtung der Probleme, die ehemaligen Grenzen auch im alltäglichen Zusammenleben nieder zu reißen, legt „Unkenrufe" den Finger in eine Wunde, die momentan einen zuweilen schmerzhaften und unsteten Heilungsprozess nimmt, vielleicht auch wieder weiter aufklafft. Das Schöne an der Erzählung wie auch an diesem Film ist, dass er all die gezeigten Hindernisse mit einem (selbst)ironischen Lachen nimmt, ohne vorzugeben, man könnte sie einfach überrennen. Vielleicht kann man daraus ja was lernen, sicher aber kann man sich bei diesem Film im Kino wunderbar amüsieren." (*siehe Kühn, „Unkenrufe")

Der Spielfilm tief auch nicht zuletzt wegen der mitwirkenden Schauspieler positive Reaktionen beim Autor hervor:

„Die Liebesgeschichte zwischen zwei älteren Menschen ist auf wunderbare, sensible und ironische Art und Weise von den Schauspielern dargestellt worden. Beide können sich, trotz der starken Gefühle zueinander, gegenseitig auf die Schippe nehmen, und so kommt das, was im Buch steht, zur Geltung, also das deutsch-polnische Problem nicht bierernst vorzutragen, sondern auch die komischen und närrischen Vorurteile, die man wechselseitig hat, zu zerbröseln. So entsteht eine fast kammerspielartige Situation. Das hat mir sehr gefallen."

(siehe Kramp, Für den Dialog ... - Günter Grass über Polen und Deutsche und die Verfilmung seiner Erzählung "Unkenrufe")

Trotz der offenbar guten Qualität des Films sahen ihn aber lediglich etwa 18.000 Personen im Kino, das teilte Lotta Küpper von der NFP Neue Filmproduktion tv GmbH auf Anfrage mit (vgl. Küpper)

10. Schlusswort

Abschließend lässt sich sagen, dass Film und Buch eigenständige Werke sind. Zwar haben beide den gleichen Haupthandlungsstrang, auch Aussage und wesentliche Bauformen sind ähnlich. Allerdings steht das Buch mit seiner eher kritischen Haltung gegenüber der Versöhnung dem Film entgegen. Dieser ist eine internationale Produktion mit polnischer, englischer, französischer und deutscher Beteiligung – wenn schon nicht die Versöhnung, so hat hier die Zusammenarbeit funktioniert. Natürlich ist ein Film ein wirtschaftliches Produkt – insofern genau das, was Grass in Unkenrufe kritisiert. Aber die Stimmung am Set sowie die Beziehungen der Schauspieler, des Regisseurs und des Teams untereinander waren laut „Making-of-Unkenrufe" ausgesprochen gut. Insofern hat also Grass Werk in seiner filmischen Umsetzung ein kleines Versöhnungswerk geschafft.

11. Anhang

Obiges selbsterstelltes Sequenzprotokoll zeigt die Aufteilung des Films in Handlungsabschnitte.

Sequenz	Dauer	Inhalt	Bemerkung
1	0:00:00 – 0:06:32	• Reschke erleidet auf dem Weg nach Danzig einen Autounfall • Piatkowska bei Restaurationsarbeiten in Kirche • Brakup auf dem Friedhof	Vorspann Drei Paralellqequenzen
2	0:06:33 – 0:11:28	• Reschke stolpert vor der Dominiksmartkhtalle und lernt Alexandra Piatkowska kennen	Schnittpunkt der Parallelsequenzen
3	0:11:29 - 0:20:48	• Beide besuchen Friedhof, anschließend Abendessen bei Piatkowska zuhause und Entstehung der Idee	
4	0:20:49 – 0:25:23	• Reschke trifft Chatterjee und Vielbrand • Erste Geschäftskontakte • Findet gefallen an der Idee	
5	0:25:24 – 0:29:55	• Reschke überzeugt Piatkowska, Weiterentwicklung der Idee • Suche nach geeignetem Gelände	
6	0:29:56 – 0:36:13	• Liebe des Paas • Rückreise nach Deutschland	
7	0:36:14 – 0:45:03	• Organisationen für die Gesellschaft • Briefwechsel	
8	0:45:04 – 0:51:22	• Weihnachten bei den Kindern • Unverständnis für die Idee des Paars	
9	0:51:23 – 0:58:58	• Wiedersehen • Gründung der Gesellschaft	
10	0:58:59 – 1:07:06	• Erste Beerdigungen • Erfolg	
11	1:07:07 – 1:13:23	• Streit in der Gesellschaft • Streit des Paars	
12	1:13:24 – 1:22:03	• Krise des Paars durch Brakup behoben • Rücktritt vom Vorsitz	
13	1:22:04 – 1:26:27	• Brakup stirbt	
14	1:26:28 – 1:30:05	• Hochzeitsreise • Tod bei Autounfall	Abspann

12. Verzeichnis der verwendeten Abkürzungen

ebd.   = ebenda

Mat.   = Material

o.J.   = ohne Jahrsangabe

s.   = siehe

S.   = Seite

vgl.   = Vergleiche

13. Quellenverzeichnis

13.1. Primärliteratur

Grass, G., Unkenrufe Eine Erzählung, München, Deutscher Taschenbuch Verlag GmbH und Co. KG, 2005^4

13.2. Sekundärliteratur

Beicken, P. Literaturwissen Wie interpretiert man einen Film?, Stuttgart, Philipp Reclam jun. GmbH & Co., 2005

Faulstich, W., Grundkurs Filmanalyse, München, Wilhelm Fink Verlag GmbH & Co. KG, 2002

Hickethier, K., Film- und Fernsehanalyse, Stuttgartm Metzlersche Verlagsbuchhandlung und Carl Ernst Poeschl Verlag GmbH, 2001

Kanzog, K., diskurs Film Münchner Beiträge zur Filmphilologie Grundkurs Filmrhetorik, München, diskurs film Verlag Schaudig & Ledig GbR, 2001

13.3. Internetseiten

teachSam - Lehren und Lernen online,
„Auktoriale Erzählperspektive, Merkmale",Internetseite
„http://www.teachsam.de/deutsch/d_literatur/d_gat/d_epik/strukt/erzpers/erzpers_2_1.htm", o.J., aufgerufen am 13.10.2006

Braun, M., „Filmsprache, Grundbegriffe der Film-Analyse", Internetseite

„http://www.uni-koeln.de/ew-fak/Deutsch/materialien/vorlesungen/ss2004/einf_nmedien/mbraun_einf_filmanalyse.pdf", 2004, aufgerufen am 14.10.2006

Kramp, L., „Unkenrufe - Zeit der Versöhnung - Lernen, was Heimat ist „, Internetseite „http://www.kn-online.de/artikel/1716537", vom 16.9.2005, aufgerufen am 14.10.2006

Kühn, N., „Unkenrufe", Internetseite „http://www.filmstarts.de/kritiken/Unkenrufe.html", 2005, aufgerufen am 13.10.2006

Zimmermann, H., „Günter Grass im Gespräch mit Harro Zimmermann". Internetseite „http://www.radiobremen.de/online/grass/interviews/unkenrufe.shtml", vom 18.6.1992, aufgerufen am 13.10.2006

13.4. Film

Unkenrufe, Zeit der Versöhnung nach der gleichnamigen Erzählung von Günter Grass, auf einer DVD, ASIN: B000E9X6US, o. O., 2006
Euro Video

13.5. Sonstiges

Email von Küpper, L., NFP tv GmbH,